PROCÈS-VERBAL

DE la séance des BANQUIERS et NÉGOCIANS convoqués chez le Consul BONAPARTE, le 3 Frimaire an VIII.

LE 3 du courant les Négocians et Banquiers de cette commune se sont rendus, à onze heures du matin, chez le Consul Bonaparte, sur l'invitation qui leur en avoit été faite par le Ministre des finances, au nom des Consuls de la république.

Les Négocians et Banquiers réunis, le Consul Bonaparte est entré dans la salle où ils étoient assemblés. Il a rappelé rapidement les malheurs de la France depuis deux ans; tout ce qui, dans ces derniers jours, a excité le zèle des bons citoyens et déterminé leur dévouement pour seconder les intentions de ceux qui, dans la situation où se trouvoit la république, ont voulu sauver leur pays. Aujourd'hui, a-t-il ajouté, je m'adresse aux hommes qui, par leur fortune et leur crédit, fruits de l'industrie jointe à la bonne-foi, peuvent assurer le succès d'une révolution qui va enfin donner aux français un

A

gouvernement qui sera respecté, et par les amis et par les ennemis de la république.

Le Consul Bonaparte a encore plus pénétré les Négocians réunis du sentiment qui l'animoit, en leur disant que ce seroit de la confiance qu'ils manifesteroient dans les circonstances actuelles, à ceux qui étoient à la tête du gouvernement, qu'on devoit attendre le succès de nos armes, ou celui de nos négociations ; que si tous les français ouvroient leurs cœurs aux plus douces espérances, ils devoient aussi n'avoir plus qu'un seul sentiment, ne faire qu'une seule famille, pour réunir tous leurs efforts vers un même but.

Le C. Germain, l'un des Banquiers présens, a pris la parole. Il a dit qu'on le verroit, dans cette occasion, faire avec un nouveau zèle les sacrifices que pouvoit exiger de lui sa patrie ; mais qu'il étoit en même tems de son devoir de faire connoître la vérité aux gouvernans, en usant du droit que tout français auroit toujours d'exprimer sa pensée.

Après avoir parfaitement défini, ce qu'étoit, il y a 20 ans, avant et depuis la révolution, la banque et le commerce de Paris, le C. Germain a décrit avec beaucoup de vérité la situation de ceux qui aujourd'hui exerçoient ces professions privées. Non-seulement, a-t-il dit, une grande partie de leur propre fortune a été anéantie par la révolution ; mais ils n'ont plus à leur disposition ces capitaux immenses qui autrefois affluoient à Paris comme au centre de toutes les affaires, et qui aujourd'hui sont disséminés ou cachés par la défiance.

Sous ce point de vue, il a fait sentir que, malgré les bons effets qu'on avoit droit d'attendre de la révolution dernière, et malgré toute la confiance qu'inspiroit aujourd'hui un gouvernement animé des véritables principes du crédit public, l'opération la mieux combinée, pour peu qu'elle fût majeure, ne pouvoit réussir par les efforts isolés de quelques Négocians et Banquiers, dont les moyens extrêmement bornés ne pouvoient donner l'étendue nécessaire à l'emprunt qu'on se proposoit d'ouvrir, si leurs efforts n'étoient pas secondés par une espèce d'assentiment général de tous les Banquiers, Négocians et Capitalistes de Paris. Et cet assentiment devient d'autant plus probable, a-t-il ajouté, que nous ne sommes plus dans ces tems calamiteux où le dévouement de ceux qui donnoient isolément au gouvernement, une preuve de leur bonne volonté et de leur patriotisme, pouvoit être regardé comme un zèle indiscret qui compromettoit leur réputation et leur crédit. Il n'existe plus, a-t-il dit, ce malheureux régime, destructeur de toute confiance, où les citoyens qui s'étoient mis le plus libéralement en avant, étoient précisément ceux qu'on avoit frappés avec plus de rigueur, en calculant par une combinaison aussi impolitique que perfide, l'étendue de leur fortune présumée, en proportion même des efforts qu'ils avoient faits pour se rendre utiles. Quelque récens qu'ils soient ces tems désastreux, qui de nous ne les oublieroit pas à la voix de celui qui déjà a su nous donner une fois une paix glorieuse, et qui, jusqu'à ce jour, n'a fait aux français aucune vaine promesse.

Le C. Davilliers, l'ainé, s'est empressé de témoigner son adhésion à ces sentimens d'un bon français. Aucun sacrifice, a-t-il dit, ne doit coûter à ceux qui savent prévoir les résultats d'une révolution qui s'est faite sous de si heureux auspices ; mais le gouvernement ne se dissimulera point, a-t-il ajouté, que dans les circonstances actuelles, les Banquiers et les Négocians de Paris ne peuvent se dispenser de répartir leurs capitaux et leur crédit sur plusieurs objets également urgens. Outre la sollicitude de secourir le gouvernement, ils doivent avoir celle d'alimenter les manufactures, d'entretenir les nombreux ouvriers, et, sous ces deux rapports, leurs moyens actuels sont bien peu proportionnés à ce qu'ils desireroient faire, s'il ne consultoient que leur zèle.

Tout doit vous encourager, a repris le Consul Bonaparte, à faire les plus nobles efforts. Il s'agit aujourd'hui de maintenir nos armées sur un pied respectable, et de donner à nos négociations le caractère imposant qu'elles n'auroient jamais dû perdre. Réunissons-nous donc tous, serrons-nous, et nous n'aurons pas à ouvrir le printems prochain une nouvelle campagne, et cent mille de nos enfans, de nos frères, n'iront pas se perdre dans une terre étrangère. Votre fortune et votre crédit, dites-vous, ont été compromis sous le gouvernement qui vient de s'écrouler : c'est qu'on voyoit alors en France, comme dans toute l'Europe, que rien de ce qui se faisoit, ne tendoit à la paix extérieure ou intérieure, à la vraie liberté, au bonheur de la patrie.

Aujourd'hui ceux qui serviront le gouvernement, auront pour eux l'honneur d'avoir amené cette paix si desirée, d'avoir fait le bien de tous ; je dis l'honneur, ce mobile si puissant sur les français : oui, ils seront honorés en France et dans l'étranger, ceux qui, par leur dévouement, auront servi une révolution qui tend si évidemment à faire cesser cette désorganisation sociale, ce fléau de l'humanité, et la guerre qui en est le fruit. Ils auront, de plus, pour eux l'avantage inappréciable de l'opinion publique et du crédit qui s'attacheront naturellement à ceux qui, dans des circonstances aussi imposantes, auront acquis des droits à la reconnoissance de leurs concitoyens et à tous les genres d'encouragemens dont leurs entreprises seront susceptibles.

Le consul Bonaparte s'étant retiré, le Ministre des finances a proposé aussi-tôt la lecture d'un projet de souscription pour un emprunt de douze millions, remboursable des premiers deniers qui seroient perçus de la subvention de guerre, ordonnée en remplacement de l'emprunt forcé.

A peine cette lecture a-t-elle été faite, que les Banquiers et Négocians réunis ont demandé que la souscription fût ouverte. Quelques éclaircissemens cependant ayant paru nécessaires, relativement au mode de cette souscription, l'assemblée a tenu une séance régulière ; le C. Lecouteulx a été invité de remplir les fonctions de président.

Les CC. Barillon, Fulchiron, Récamier et Jubié ayant donné successivement leurs idées sur les moyens d'exécution, il est résulté de leur développement, que cet emprunt pouvoit être considéré comme un service de crédit fait par l'universalité des Négocians et Banquiers de Paris. Et comme des rentrées aujourd'hui évidemment certaines, et non simplement probables, rentrées supérieures de beaucoup à la totalité de l'emprunt, acquitteroient successivement les traites ou obligations demandées par le projet, celui-ci pouvoit, dans son exécution, être conduit de manière à ce que les souscripteurs fussent parfaitement tranquilles sur l'acquit de leurs engagemens aux diverses échéances dont on conviendroit.

Nous souscrirons tous, a repris le C. Mallet l'aîné ; et quel est le Banquier ou Négociant de Paris qui, dans des circonstances aussi majeures, au milieu de si belles espérances, ne regretteroit pas amèrement de ne point avoir concouru à donner un témoignage aussi éclatant de confiance à un gouvernement qui y a tant de droits ?

Le C. Lecouteulx ayant fait alors l'appel des Banquiers et Négocians présens, tous ont souscrit, en s'engageant de prendre dans l'emprunt la somme qui seroit déterminée d'après la répartition égale qui seroit faite des 12 millions parmi tous les souscripteurs.

Le C. Lecouteulx a ensuite invité, au nom de l'assemblée, les Négocians des départemens qui étoient présens, de transmettre à leurs correspondans le vœu que faisoient tous les Banquiers et Négocians de cette assemblée, pour que les principales places de commerce de la république voulussent donner au gouvernement un semblable témoignage de leur confiance ; il a ajoute qu'on ne sauroit raisonnablement douter de leur empressement à bien mériter de la patrie dans une circonstance aussi décisive. Les Négocians des départemens qui étoient présens, ont accueilli cette proposition et promis de faire part à leurs concitoyens du résultat de cette séance mémorable, en ajoutant qu'ils ne doutoient aucunement que le même dévouement, le même zèle ne les portât à seconder le gouvernement actuel dans ses efforts, pour ramener l'ordre, la paix et la prospérité générale.

La souscription terminée, le C. Lecouteulx a proposé de procéder au choix de sept Commissaires auxquels seroit confiée, d'après le projet de souscription, l'exécution et l'administration des opérations relatives à l'emprunt. L'élection devant se faire par la voie du scrutin, les CC. DELESSERT, père ; PERRIER (de Grenoble), et SABATTIER ont été nommés scrutateurs. Le scrutin ouvert et dépouillé, les CC. FULCHIRON, MALLET, PERREGAUX, GERMAIN, SÉVENNE, DOYEN, et RÉCAMIER, qui avoient réuni la majorité des voix, ont été proclamés membres de la commission administrative de l'emprunt.

La séance a été levée.

MINISTÈRE DES FINANCES.

Extrait des registres des délibérations des Consuls de la république.

Paris, le 4 Frimaire an VIII.

Les Consuls de la république, vu la souscription faite par les Négocians et Banquiers de la place de Paris, le 3 de ce mois, pour une avance au Trésor public de la somme de *douze millions*, remboursable sur les premières rentrées en numéraire de la subvention de guerre.

Vu pareillement la délibération desdits Négocians et Banquiers, qui nomme les CC. PERREGAUX, MALLET, FULCHIRON, RÉCAMIER, DOYEN, GERMAIN, et AUGUSTIN SEVENNE, Commissaires, à l'effet de prendre toutes les mesures nécessaires pour la suite de l'opération. Ouï le rapport du Ministre des finances, arrêtent ce qui suit :

ARTICLE PREMIER.

Les Commissaires de la Tresorerie nationale sont autorisés à faire emploi de *douze millions*, sur les premières rentrées en numéraire de la subvention de guerre établie par la loi du 27 Brumaire dernier, pour rembourser pareille somme de *douze millions*, dont l'avance sera faite par les Négocians et Banquiers, signataires de la délibération du 3 de ce mois.

A R T. I I.

Toutes lettres de crédit nécessaires seront expédiées en conséquence par les Commissaires de la Ttrésorerie nationale, sur tous les Receveurs de départemens, à l'exception de celui de la Seine, de manière à assurer, sans obstacles ni retards, l'entier et prompt remboursement de la somme ci-dessus.

Le Ministre des finances et les Commissaires de la Tresorerie nationale sont chargés, chacun en ce qui les concerne, de l'exécution du présent arrêté, qui ne sera point imprimé au Bulletin des Lois.

Signé BONAPARTE, ROGER-DUCOS, SIEYES.

Pour copie conforme,

Signé HUGUES-BERNARD MARET, *Secrétaire-général.*

Pour copie,

Le Ministre des finances,

Signé GAUDIN.

Paris, le   Frimaire an VIII de la République française, une et indivisible.

LE MINISTRE des Finances,

Aux Administrateurs du département d

« LE Commerce et la Banque de Paris, citoyens Ad-
« ministrateurs, par un de ces mouvemens que l'amour

» de la patrie fait naître, et dont les premiers jours de la
» révolution avoient seuls fourni l'exemple, se sont réunis
» pour procurer avec célérité au Gouvernement une
» somme de *douze millions*, nécessaire pour les dépenses
» les plus urgentes du service public. Ce secours, beau-
» coup moins à considérer par sa quotité que par la
» conviction qu'il donne de l'entière confiance dont le
» nouveau Gouvernement est environné, ne peut,
» sous ce dernier rapport, que seconder puissamment
» les efforts de nos armées pour arriver à une paix
» prochaine. Les coalisés ne fondoient leurs espérances
» que sur l'apathie générale des citoyens pour un ordre
» de choses qui n'offroit de protection et de sûreté,
» ni aux personnes, ni aux propriétés. La journée du
» 19 brumaire a tout changé : on aperçoit le but,
» et tous les efforts se réunissent pour l'atteindre. Les
» embarras du service disparoîtront successivement par
» les résultats naturels d'un meilleur système de finances;
» et l'exemple donné en ce moment par les principaux
» Commerçans et Banquiers de Paris, facilitera les
» opérations du même genre qui pourroient devenir
» utiles pour l'aissance des mouvemens du Trésor pu-
» blic. Mais ce germe du crédit demande à être soigné
» avec la plus extrême attention. Le remboursement
» du prêt de douze millions est affecté sur les premiers
» deniers qui rentreront de la subvention de guerre
» dans tous les départemens de la république : il n'est
» permis, sous aucun prétexte, d'altérer, de la moin-
» dre somme ce gage sacré, jusqu'à ce que le rem-

» boursement soit complètement opéré ; et les Consuls
» de la république sont bien déterminés à faire porter
» tout le poids de la responsabilité personnelle sur qui-
» conque auroit autorisé une distraction, quelque
» modique qu'elle pût être, sur un produit qui doit
» être momentanément considéré comme devenu étran-
» ger aux revenus publics.

» Je sais, citoyens Administrateurs, que vous aviez
» contracté des engagemens pour l'habillement et l'arme-
» ment des conscrits, et qu'au moyen du rapport de
» la loi sur l'emprunt forcé, vous vous êtes trouvés
» arrêtés dans la liquidation dont vous vous étiez oc-
» cupés. Aujourd'hui que le service du Trésor public
» doit reprendre successivement sa marche naturelle,
» il convient que vous transmettiez au Ministre de la
» guerre toutes les pièces concernant les fournitures qui
» ont été faites par ses ordres, afin qu'il puisse faire
» rentrer ces dépenses dans l'ordre comptable de son
» ministère, et vous ouvrir un nouveau crédit déterminé
» qui vous mette à portée de liquider entièrement cette
» partie de service.

» Je vous invite à m'accuser la réception de cette
» lettre ».

Salut et fraternité.

www.ingramcontent.com/pod-product-compliance
Lightning Source LLC
Chambersburg PA
CBHW071435060426
42450CB00009BA/2182